꽁냥꽁냥
그림수학

꽁냥꽁냥 그림수학 ⑤

발자국으로 공룡 몸길이를 잰다?

머리말

수학은 늘 생활 속에 가까이 있어요!

《꽁멍꽁멍 그림수학》 시리즈의 통통 튀는 두 주인공 꽁멍이와 통통이가 생활 속 곳곳을 누비며 여러분을 신나는 수학의 세계로 데려가 줄 거예요. 우리가 좋아하는 동물의 세계는 물론, 알록달록한 미술의 세계, 소리가 있는 음악의 세계, 그리고 숫자의 세계에도 재미있는 수학이 숨어 있거든요. 수학이라고 하니 혹시 벌써 '계산하고 문제를 푸는 것 아냐?' 하고 머리가 아파 온다면 그런 걱정은 떨쳐도 돼요! 꽁멍이와 통통이가 펼치는 배꼽 잡는 만화를 보고, 엉뚱하면서도 궁금해지는 질문을 따라가다 보면, 어느새 '이것도 수학이야? 수학이 재밌네!' 하며 수학과 친해지게 될 테니까요.

꽁멍이나 통통이처럼 여러분도 생활 속에서 엉뚱한 질문을 많이 해 보길 바랄게요. 당연하다고 여겼던 것들도 '왜?' 또는 '꼭 그래야만 해?'라는 생각으로 다시 보면, 몰랐던 신기한 보물을 발견하게 될지도 모르니까요. 준비되었다면 꽁멍이와 통통이를 만나 봐요!

주인공을 소개합니다

맛있는 딸기 케이크를 먹는 게 제일 좋아! 나와 늘 함께하는 단짝 친구 통통이는 시도 때도 없이 엉뚱한 질문을 해. 가끔은 귀찮기도 하지만, 통통이 덕분에 나는 종종 탐정이 되는 것 같아. 똑똑한 탐정이 되어 수학으로 사건을 해결하고 싶은 내 이름은 꽁멍이야.

남들과 똑같은 건 싫어! 통통 튀는 게 내 매력이지. 내 엉뚱한 질문에 대답해 주는 똑똑한 꽁멍이와 늘 함께하고 있어. 우당탕탕 실수를 하기도 하지만, 뭐 어때! 나처럼 엉뚱한 생각을 자주 하다 보면 몰랐던 재미를 많이 알게 될 거야. 엉뚱하고 귀여운 나는 통통이라고 해.

차례

머리말 　　　　　　　　　　　　　　　　　　　4
주인공을 소개합니다 　　　　　　　　　　　　5

1장 동물의 세계
01 돌아보지 않아도 뒤가 보여? 　　　　　　　8
02 공룡 발자국으로 몸길이를 알 수 있을까? 　14
03 사람은 못 듣고 개는 듣는다! 　　　　　　20
04 너무 닮았어! 　　　　　　　　　　　　　26
05 토끼가 왜 이렇게 많지? 　　　　　　　　32

2장 색과 미술
06 별을 왜 ★모양으로 그릴까? 　　　　　　38
07 멋진 무늬를 만들고 싶어! 　　　　　　　44
08 왜 멀리 있는 건 작게 그릴까? 　　　　　　50
09 내 눈이 속고 있다고? 　　　　　　　　　56

3장 소리와 음악

10 왜 '도레미파솔라시' 7개일까? ... 62
11 피아노 건반은 왜 88개일까? ... 68
12 귀에 쏙 들어오는 노래가 좋아! ... 74
13 나도 악기를 만들래! ... 80

4장 숫자의 세계

14 아라비아 숫자 말고 다른 숫자? ... 86
15 구구단 몰라도 곱셈할 수 있어? ... 92
16 7은 정말 행운의 숫자일까? ... 98
17 수 세는 방법이 다 달라? ... 104

꽁멍과 통통의 수학 수다 & 퀴즈 ... 110

01
돌아보지 않아도 뒤가 보여?

동물들은 왜 눈이 2개일까요?

사람의 눈은 2개예요. 대부분의 동물도 마찬가지고요.
색깔이나 생김새는 눈이 한 개만 있어도 가늠할 수 있지만,
멀고 가까운 정도나 입체감을 느끼려면 두 개의 눈이 있어야 하거든요.

두 눈으로 얼마나 넓게 볼 수 있을까요?

똑같이 2개의 눈을 가지고 있더라도 사람이나 동물마다 볼 수 있는 넓이가 달라요. 이 넓이의 범위를 '시야'라고 해요. 사람의 시야와 개의 시야를 비교해 봐요.

사람이 볼 수 있는 범위
사람이 볼 수 있는 시야각은 약 180도예요. 그중 양쪽 눈으로 볼 수 있는 시야는 140도예요. 사물이 양쪽 눈으로 볼 수 있는 시야 안에 있어야 입체적으로 또렷하게 볼 수 있어요.

사람과 개 중에서 양쪽 눈으로 또렷하게 볼 수 있는 범위가 더 넓은 건 누구일까요?

❶ 사람  　❷ 개

❷ : 月名

개가 양쪽 눈으로 볼 수 있는 시야

60도

90도　90도

헉! 개는 정말 뒤도 보이는 거야?

통통아, 다 보인다고 했지? 그것도 내 과자야!

개가 볼 수 있는 범위
개가 볼 수 있는 시야각은 약 240도예요. 그중 양쪽 눈으로 볼 수 있는 곳은 60도로 사람보다 좁아요. 강아지는 양쪽 눈으로 또렷하게 볼 수 있는 범위는 사람보다 작지만, 더 넓은 범위를 볼 수 있어요.

동물마다 시야가 달라요!

육식 동물에게는 멀리 있는 사물이나 동물과의 거리를 정확하게 아는 것이 중요해요. 반면 초식 동물은 항상 주위를 살펴야 해서 두 눈으로 넓게 보는 능력을 갖고 있어요.

공룡 발자국으로 몸길이를 알 수 있을까?

가장 큰 공룡은 얼마나 클까요?

공룡은 수천만 년 전 지구에 살았지만, 완전히 멸종되어 지금은 볼 수 없어요. 뼈나 발자국을 통해 오래전 지구에 공룡이 살았다는 걸 알 수 있어요. 많은 공룡 중에서도 가장 큰 공룡은 아르헨티노사우루스예요.

아르헨티노사우루스
몸길이 : 35미터
무게 : 65~80톤

아르헨티나에서 내 뼈가 발견되었다고 해서 이름을 '아르헨티노사우루스'라고 지었대. 내 등뼈 한 개의 무게만 해도 100킬로그램이 넘어.

높은 건물 같아!

으아아아, 진짜 크다!

잠깐, 꽁멍의 정리!

1톤은 1,000킬로그램이고, 1미터는 100센티미터예요.
어른인 남자의 몸무게가 약 70킬로그램 정도라면, 약 14명의 무게가 1톤 정도예요.
1미터는 100센티미터로 4~5세 어린이의 키랍니다.

몸집이 큰 공룡의 몸길이를 어떻게 알 수 있을까요?

화석에서 모든 뼈가 발견되었다면 공룡의 뼈를 맞춰 몸길이를 직접 잴 수 있어요. 하지만 공룡의 뼈 전체가 발견되지 않아도 크기를 알 수 있어요. 발 길이만 알면 공룡의 몸길이를 알 수 있거든요.

티라노사우루스 발 길이를 재 보니 70센티미터네. 그렇다면 티라노사우루스의 몸길이는 70×18=1,260센티미터니까, 약 13미터쯤 되겠다!

? 통통이가 스테고사우루스의 발 길이를 재 보니 50센티미터였어요. 스테고사우루스의 몸길이는 약 몇 미터일까요?

❶ 5미터　❷ 9미터　❸ 13미터　❹ 17미터

답 : 9미터

발자국으로 알 수 있어요!

공룡의 종류에 따라 발자국의 모양도 달라요. 발자국의 모양을 보고 어떤 공룡이고, 크기가 얼마나 큰 공룡인지 알아봐요!

03 사람은 못 듣고 개는 듣는다!

소리는 어떻게 생기고, 들릴까요?

아침부터 잠들 때까지 많은 소리가 들려요. TV에서 나오는 소리, 피아노와 같은 악기에서 나오는 소리, 사람들과 대화를 나누는 소리, 새나 강아지의 동물 소리까지 여러 가지 소리가 있지요.

나비의 날갯짓 소리를 들어 본 적 있나요?

모기 소리는 들을 수 있지만, 나비가 팔랑팔랑 날갯짓을 하는 소리는 들을 수 없어요. 사람이 들을 수 있는 소리 범위 밖에 있기 때문이에요. 동물마다 내고 들을 수 있는 소리의 범위가 달라요.

진동수의 단위, 헤르츠(Hz)

1초에 한 번 진동하는 소리를 1헤르츠라고 해요. 1초에 진동수가 많을수록 높은 음을 내고, 진동수가 적을수록 낮은 음을 내요.

동물의 세계

10,000-120,000 헤르츠
박쥐 1,000-120,000 헤르츠

7,000-120,000 헤르츠
돌고래 150-150,000 헤르츠

사람들은 박쥐가 내는 소리를 거의 듣지 못해. 우리끼리 대화하자!

돌고래도 높은 음의 소리를 내지. 끽끽.

사람보다 조금 더 고음 소리를 들을 수 있다옹.

귀를 기울이면 나비가 팔랑거리는 소리도 들려! 저기 있다! 나비!

20-20,000 헤르츠

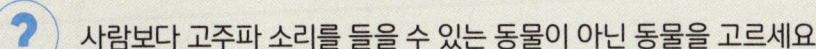

❓ 사람보다 고주파 소리를 들을 수 있는 동물이 아닌 동물을 고르세요.

❶　　　　　❷　　　　　❸　　　　　❹

❶ : 코끼리

사람이 듣지 못하는 소리도 다 쓸모가 있어요!

사람이 듣지 못하는 20헤르츠보다 낮은 소리를 초저주파라고 해요. 반대로 사람이 듣지 못하는 20,000헤르츠보다 높은 소리를 초음파라고 하지요.

초음파로 편리하고 유용한 기계를 만들 수 있어요!

사람이 들을 수 없는 20,000헤르츠보다 높은 초음파는 여러 의료 기기에서 쓰이고, 가습기와 같은 생활 가전을 만드는 데에도 쓰여요.

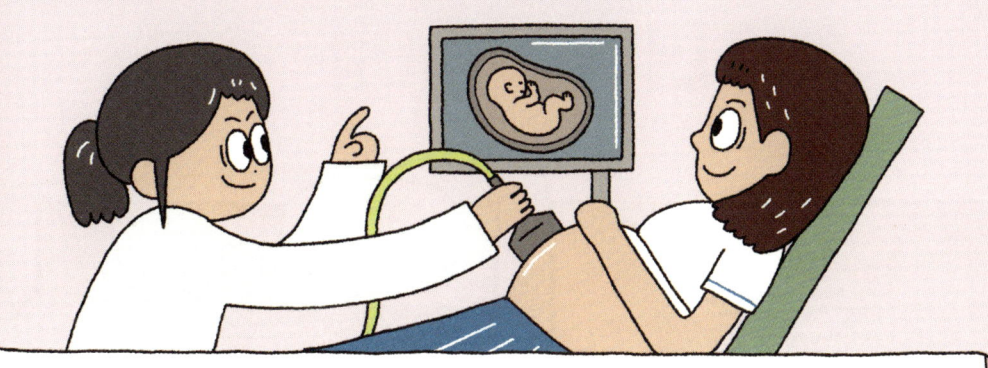

꽁멍아, 앞으로는 이 귀마개를 쓰고 다니면 시끄럽지 않을 거야.

방금 뭐라고 했어? 귀마개를 쓰니까 소리가 안 들려서 답답해!

❓ 사람이 들을 수 없는 초저주파 또는 초음파로 할 수 있는 일이 아닌 것을 고르세요.

❶ 지진이나 화산을 예측할 수 있어요.

❸ 초음파를 이용해 의료 기기나 가습기와 같은 가전 제품을 만들 수 있어요.

❷ 호랑이의 울음소리에서 초저주파 신호만 들리도록 해 야생 동물을 내쫓을 수 있어요.

❹ 강아지가 짖는 소리를 이용해 층간 소음을 줄일 수 있어요.

❹ : 정답

동물의 세계

04
너무 닮았어!

너구리와 라쿤, 무엇이 다를까요?

너구리와 라쿤은 생김새만 보면 아주 닮았어요. 하지만 너구리와 라쿤은 완전히 다른 동물이랍니다.

너구리와 라쿤, 닮았는데 왜 다른 동물일까요?

동물은 각각 가지고 있는 특징에 따라 분류하는데, 라쿤과 너구리는 다른 종에 속해요.

동물계 - 척삭동물문 - 포유강 - 식육목 - 라쿤과 - 라쿤속 - 라쿤종

 다음 그림에 해당하는 동물에 대한 설명이 맞는 것을 고르세요.

❶ 주로 아시아에서 살아요.
❷ 꼬리에 줄무늬가 있어요.
❸ 위협을 받으면 죽은 척을 하기도 해요.
❹ 여우나 늑대와 먼 친척이에요

정답 : ❷

닮았지만, 우리도 다른 동물이에요!

동물의 특징을 비교해 어떤 것이 같고, 다른지 알아봐요.

05
토끼가 왜 이렇게 많지?

토끼는 어떤 동물일까요?

토끼는 풀을 먹고 사는 초식 동물로 긴 귀와 짧은 꼬리, 깡충깡충 뛰는 모습이 특징이에요. 토끼를 다룬 옛이야기도 많아 우리에게 친숙한 동물이기도 해요.

토끼 번식의 비결은 뭘까요?

토끼의 번식 능력은 놀라워요. 토끼는 태어난 후 3~4개월이 지나면 임신을 할 수 있고, 한 달이면 새끼를 낳아요.
한 번에 적게는 4마리부터 많게는 12마리까지도 낳아요.
다른 동물들과 비교해 볼까요?

햄스터 14일

개(소형) 60일

다람쥐 30일

고양이 64일

토끼 33일

사자 110일

사슴 210일

사람 280일

동물의 세계

소 284일

말 330일

기린 420일

코끼리 640일

❓ 임신 기간이 짧은 동물부터 긴 순서대로 나열한 것을 고르세요.

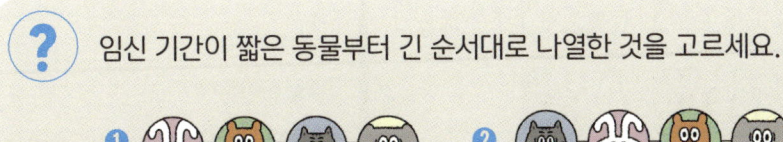

정답 : ④

한 쌍의 토끼, 1년 뒤에는 몇 마리가 될까요?

번식 능력이 뛰어난 토끼가 얼마나 빠르게 토끼의 수를 늘릴 수 있는지 알아봐요.

〈규칙〉
❶ 한 쌍의 아기 토끼는 한 달이 지나면 어른 토끼가 됩니다.
❷ 어른 토끼는 매달 한 쌍의 암컷과 수컷 새끼 토끼를 낳아요.

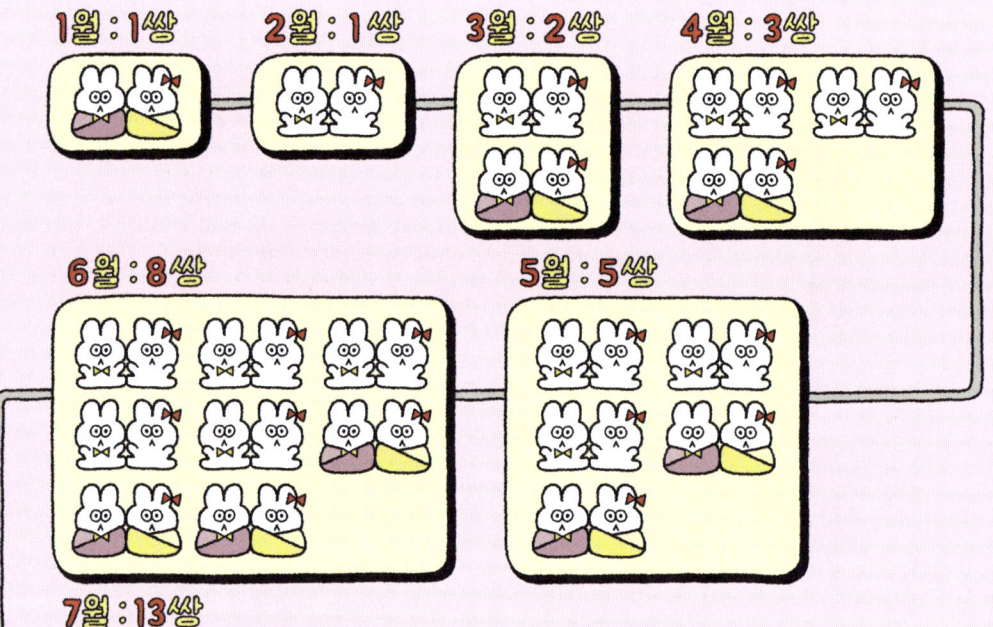

이렇게 낳다 보면 12월에는?

12월 : 144쌍 어른 토끼 89쌍 / 아기 토끼 55쌍

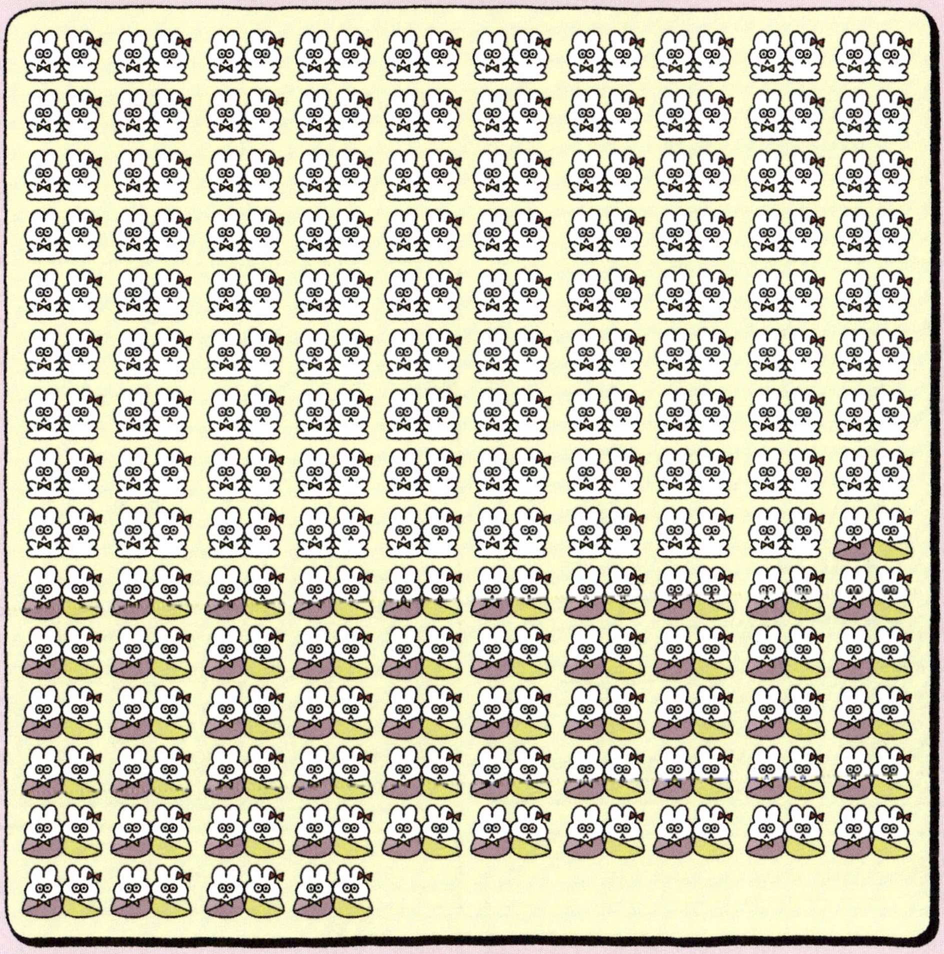

헉! 1년만 지나도 토끼 144쌍이 된대! 무려 288마리!

이제 가자! 갖고 온 먹이도 다 떨어졌어.

동물의 세계

06

별을 왜 ★모양으로 그릴까?

> 별을 왜 뾰족한 모양으로 그릴까요?

우주에서 스스로 빛나는 천체를 '별'이라고 해요. 태양도 수많은 별 중 하나예요. 빛나는 별은 모두 뾰족하게 생기지 않았지만, 별을 그릴 때는 대부분 뾰족한 모양으로 그려요.

색과 미술

별 모양을 왜 '★'로 그리게 됐을까요?

하늘의 별을 ★ 모양으로 처음 그린 사람은 고대 그리스의 수학자 피타고라스예요. 친구들과 별 보기를 좋아했던 피타고라스는 우주에서 가장 아름다운 모양인 별도 숫자와 관련지어 나타냈어요.

피타고라스는 수의 시작인 1은 만물의 시작과 신, 2와 3은 남자와 여자, 그리고 2와 3을 더한 숫자 5는 사랑과 결혼을 뜻한다고 했어요. 그리고 빛나는 별을 숫자 5를 이용해 그렸어요.

피타고라스의 별

정오각형의 꼭짓점을 각각 연결해 선을 그으면, 오각형 안에 별 모양이 생겨요. 피타고라스가 오각형을 이용해 만들어서 '피타고라스의 별'이라고도 해요.

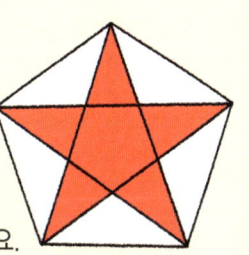

별 모양을 이렇게 ★로 그린 사람이 피타고라스라니 신기해! ★ 모양이 더 아름다워 보이는걸.

그러게. 그런데 ★ 모양을 어떻게 하면 예쁘게 그릴 수 있을까?

? 피타고라스는 ★ 모양을 어떤 도형을 이용해 그렸나요?

❶ 삼각형　　❷ 사각형　　❸ 원　　❹ 오각형

답 : ④

색과 미술

국기에서 ★ 모양을 찾아봐요!

국기에는 ★ 모양이 많이 있어요. 여러 나라의 국기 중에서 ★이 있는 것을 따라가 보세요. 또 ★ 모양이 모두 몇 개인지 세어 보세요.

07 멋진 무늬를 만들고 싶어!

'쪽매 맞춤'을 찾아봐요!

같은 모양으로 바닥이나 벽을 빈틈없이 채우는 것을 '쪽매 맞춤'이라고 해요. 집 안에서도, 집 밖에서도 쉽게 찾아볼 수 있어요.

사각형 말고 다른 모양으로도 쪽매 맞춤을 할 수 있어요!

쪽매 맞춤에 가장 많이 쓰이는 모양은 '사각형'이에요. 똑같은 사각형도 붙이는 방법에 따라 다른 무늬를 만들 수 있어요. 그런데 사각형으로만 쪽매 맞춤을 할 수 있는 건 아니에요.

벽은 육각형과 삼각형을 이용해 꽃처럼 보이기도 하고, 해처럼도 보이는 무늬로 꾸며야지!

바닥은 육각형 나무로 벌집처럼 배열해 봐야겠어.

눈이 번쩍! 타일 무늬를 찾아 알람브라 궁전으로 가요!

쪽매 맞춤 무늬는 오래전 건축물에서도 볼 수 있어요. 세계 여러 나라의 건축물 중에서도 스페인의 알람브라 궁전은 화려하고 정교한 타일 무늬로 손꼽혀요. 알람브라 궁전에는 어떤 무늬가 있을까요?

색과 미술

와, 엄청나나! 이렇게 화려한 무늬를 만들 수 있다니 정말 놀라워!

네 방에 알람브라 궁전처럼 멋진 무늬를 그려 줄게! 나 먼저 간다!

왜 멀리 있는 건 작게 그릴까?

'자동차'와 '그림 자동차'는 무엇이 다를까요?

멋진 자동차가 있어요. 자동차를 보고 종이에 자동차 그림을 그렸어요. 실제로 탈 수 있는 자동차는 무게와 부피가 있어요. 이런 것을 '입체'라고 해요. 반면 종이에 그린 자동차는 무게도, 부피도 없지요. '평면'인 종이에 그렸기 때문이에요.

그림을 사진처럼 실제와 똑같이 그리고 싶다면?

그림을 그릴 때 가까이에 있는 것은 크게, 멀리 있는 것을 작게 그리는 건 실제 모습과 똑같이 그리기 위함이에요. 눈으로 볼 때 가까이에 있는 것은 크게 보이고, 멀리 있는 것은 작게 보이기 때문이에요.

그림을 꼭 실제와 똑같이 그려야 되나요?

사진처럼 보이는 대로 생생하게 그리는 방법도 있지만, 입체를 여러 방향에서 본 모습을 한꺼번에 그리는 방법도 있어요. 그런 그림은 얼굴의 눈, 코, 입이 삐딱해서 처음엔 이상하게 느껴질 거예요.

내 눈이 속고 있다고?

그림을 보면 무엇이 보이나요?

아래 그림은 흰색을 볼 때와 검은색을 볼 때 보이는 그림이 각각 달라요. 두 가지로 보이는 그림이랍니다.

색과 미술

눈이 뱅글뱅글, 그림이 이상하게 보여요!

평평한 면인데 볼록해 보이고, 점이 없지만 있어 보이고, 움직이지 않지만 뱅글뱅글 움직이는 그림처럼 보이기도 하는 그림이 있어요. 눈으로 보는 것을 알아차리는 과정에서 뇌가 착각하는 일이 생기기 때문이에요.

벽에 커다란 물방울이 붙어 있나?
검은색과 흰색 사각형이 번갈아 그려진 평평한 벽 가운데에 커다랗고 볼록한 물방울이 있는 것처럼 보여요. 하지만 가운데 부분은 반듯한 사각형을 구부리거나 크게 모양을 바꿔 그렸을 뿐이에요.

여기 벽에 큰 물방울이 붙어 있네! 엥? 아니잖아!

여기 바닥에는 점이 생겼다가 사라지는데?

검은색 점이 자꾸 보여요!
흰색 동그라미 안에 검은색 점이 있는 것처럼 보이지 않나요? 눈을 깜빡일 때마다 흰색 동그라미 안에 있는 검은색 점이 생겼다가 사라져요. 실제로 모든 흰색 동그라미 안에 검은색 점은 전혀 없어요.

계속 올라가는 계단이 있다고요?

계단을 하나씩 오르고, 또 올라가 보면 어떻게 될까요? 평범한 계단처럼 보이지만 이 계단의 끝은 없어요. 다시 제자리로 돌아오게 되지요. '무한 계단'이라고도 부르는데, 실제로는 이런 계단을 만들 수 없고 그림으로만 그릴 수 있는 계단이에요.

왜 '도레미파솔라시' 7개일까?

악보에 계이름을 나타내요!

계이름은 음의 높낮이에 따라 기준이 되는 '도'에서 시작해 '시'까지 음이 점점 높아짐에 따라 이름을 붙인 것이에요. 악기를 연주하려면 계이름과 악보에 사용하는 음악 기호의 뜻을 알아야 해요.

소리와 음악

길이가 다른 쇠, 소리가 같을까요? 다를까요?

도부터 시까지의 7음계는 고대 그리스의 수학자 피타고라스가 만들었어요. 음의 높낮이에 따라 7개의 음계로 나누었어요. 피타고라스는 어떻게 소리의 높고 낮음을 나눌 수 있었을까요?

평소에는 쇠 두드리는 소리가 시끄러웠는데, 오늘은 듣기 좋은데! 왜 그럴까?

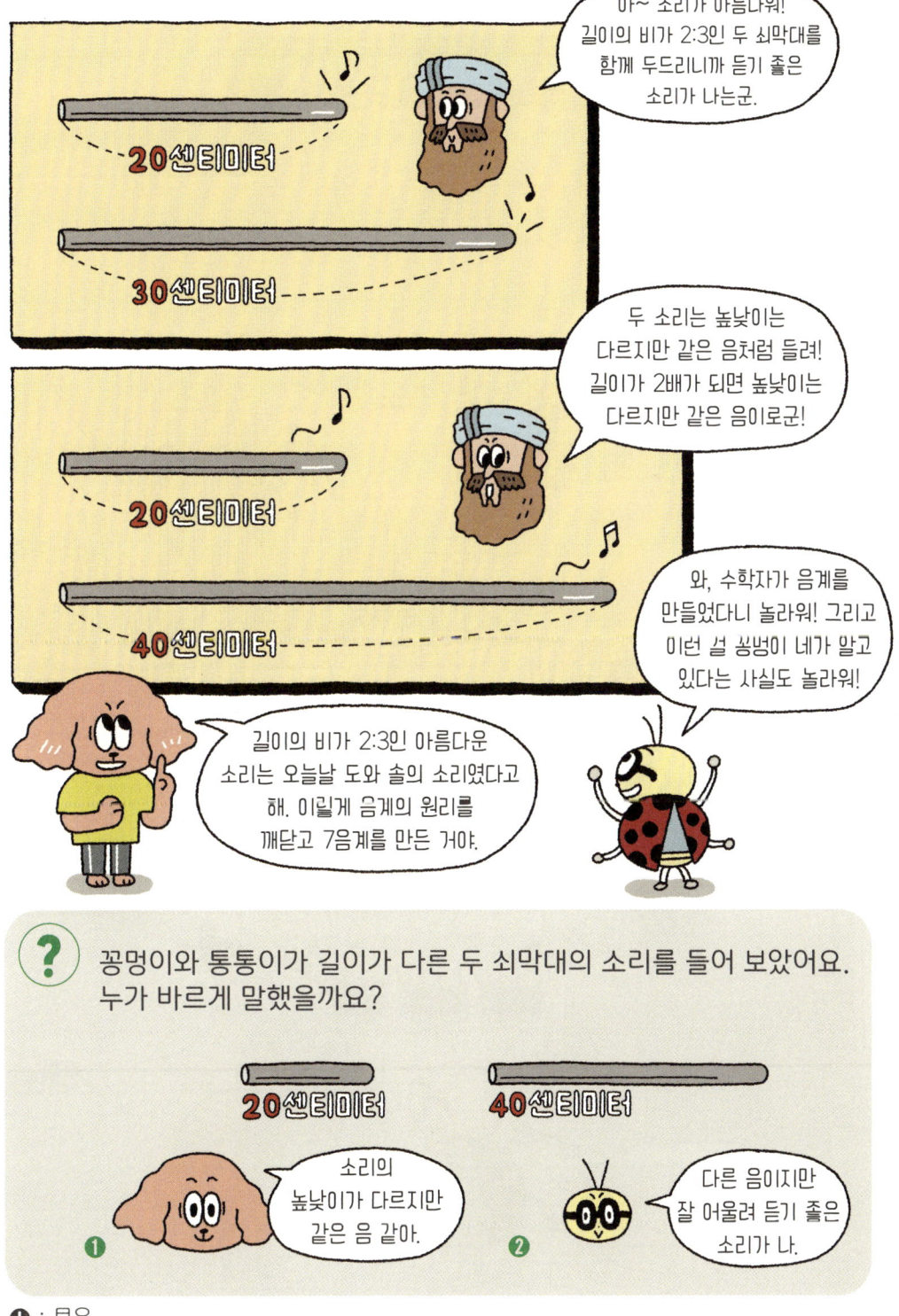

도레미파솔라시, 이름은 어떻게 생긴 걸까요?

음계의 이름인 '도레미파솔라시'는 11세기, 이탈리아의 음악가 귀도 다레초가 만들었어요. 각각의 음계 이름에는 특별한 뜻이 담겨 있다고 해요.

11
피아노 건반은 왜 88개일까?

건반 악기 중에서 피아노를 찾아봐요!

피아노는 건반을 두드려 음을 내는 악기예요. 피아노 말고도 건반을 두드려서 소리를 내는 악기에는 여러 가지가 있어요.

피아노 건반은 어떻게 88개가 됐을까요?

피아노는 지금으로부터 약 300년 전, 이탈리아의 바르톨로메오 크리스토포리가 만들었어요. 당시 건반 개수는 54개였어요. 그런데 오늘날의 피아노 건반 개수는 88개예요.

피아노가 가장 많은 음을 낼 수 있대요!

피아노의 흰색 건반은 '도레미파솔라시'까지의 7개의 음계가 반복되고, 흰색 건반 위에 반씩 검은색 건반이 걸쳐져 있어요.
가장 맨 왼쪽부터 오른쪽 끝까지 피아노 건반의 개수를 세어 보아요!

검은색 건반 두 개 아래 왼쪽에 있는 게 바로 '도'야. 도, 레, 미 위에 검은색 건반이 2개, 파, 솔, 라, 시 건반 위에 검은색 건반 3개가 있어.

가장 낮은 음은 '도'가 아니라 '라'야. 휴~, 이 많은 건반을 언제 다 세지?

한 옥타브에 흰색 건반이 7개고, 검은색 건반 5개로 12개가 돼. 묶어 보니 모두 7묶음. 양쪽에 남은 건반 4개를 더하면 모두 88개야!

12×7+4=88개

아하! 모두 다 세어 보지 않아도 되네? 내가 산 악기는 건반이 겨우 32개야.

소리와 음악

? 피아노 건반을 보고 1부터 3까지의 계이름을 순서대로 나타낸 것을 고르세요.

❶ 도, 파, 시   ❷ 도, 솔, 시
❸ 레, 솔, 시   ❹ 레, 솔, 도

❹ : 답정

12
귀에 쏙 들어오는 노래가 좋아!

노래는 어떻게 만들까요?

오래전부터 사람들은 노래를 부르곤 했어요. 신이 나고 기분이 좋을 때도, 슬프고 힘들 때도 노래를 불렀지요. 노래는 크게 가사와 멜로디로 나뉘어요. 가사는 노랫말이고, 멜로디는 음의 높낮이와 리듬에 따라 만들어져요.

소리와 음악

> 한 번만 들어도 귀에 쏙쏙 들어오는 노래가 있어요!

사람들의 입으로 전해 내려온 노래나, 인기 있는 노래에는 공통점이 있어요. 바로 한 번만 들어도 기억이 잘 난다는 점이에요.

쉽게 기억나는 노래의 특징 1
글자 수가 비슷하다!

펄~펄 / 눈이 옵니다 / 바람 타고 / 눈이 옵니다
2　　　5　　　　4　　　　5

하늘나라 / 선녀님들이 / 송이송이 / 하얀 솜을
4　　　　5　　　　4　　　　4

자꾸자꾸 / 뿌려 줍니다 / 자꾸자꾸 / 뿌려 줍니다
4　　　　5　　　　4　　　　5

맨 앞에 '펄~펄'만 빼고 글자 수가 비슷하게 4개와 5개가 반복되는 규칙이 있어.

오! 정말 글자 수가 비슷해.

쉽게 기억나는 노래의 특징 2
같은 가사가 반복된다!

펄~펄 / (눈이 옵니다) / 바람 타고 / (눈이 옵니다)

하늘나라 / 선녀님들이 / 송이송이 / 하얀 솜을

(자꾸자꾸) / (뿌려 줍니다) / (자꾸자꾸) / (뿌려 줍니다)

똑같은 가사가 반복되고 있어. 외우기 쉽겠지?

이런 노래를 불러야겠어!

❓ '눈' 노래 가사의 빈칸에 들어갈 말을 골라 보세요.

펄~펄 눈이 옵니다   바람 타고 □□ □□□

❶ 눈이 차가워　❷ 비도 내려요　❸ 눈이 옵니다　❹ 비가 주르륵

정답 : ❸

여러 나라의 전통 노래를 알아봐요!

나라마다 오랫동안 사람들이 불러서 전해 오는 노래가 있어요.
그런 노래를 전통 노래, 또는 민요라고 해요.

? 여러 나라의 전통 노래 가사의 빈칸에 들어갈 말로 잘못된 것을 고르세요.

 ① 아리랑　 ② 꼬마　 ③ 에델바이스　 ④ 민들레

❓ : 民들레

13
나도 악기를 만들래!

악기에는 어떤 것이 있을까요?

소리를 내는 방법에 따라 타악기, 현악기, 관악기, 건반 악기가 있어요. 두드려서 소리를 내면 타악기, 줄을 튕겨서 소리를 내면 현악기, 그리고 관에 입김을 불어 소리를 내는 악기를 관악기라고 해요. 피아노처럼 건반이 있으면 건반 악기라고 해요.

소리와 음악

관악기에는 여러 종류가 있어요!

관악기는 관에 입으로 공기를 넣어 소리가 나는 악기예요. 재료, 모양, 관의 길이, 관에 있는 구멍의 크기 등에 따라 관악기가 내는 소리가 결정돼요.

관 하나에 구멍이 여러 개 있는 악기

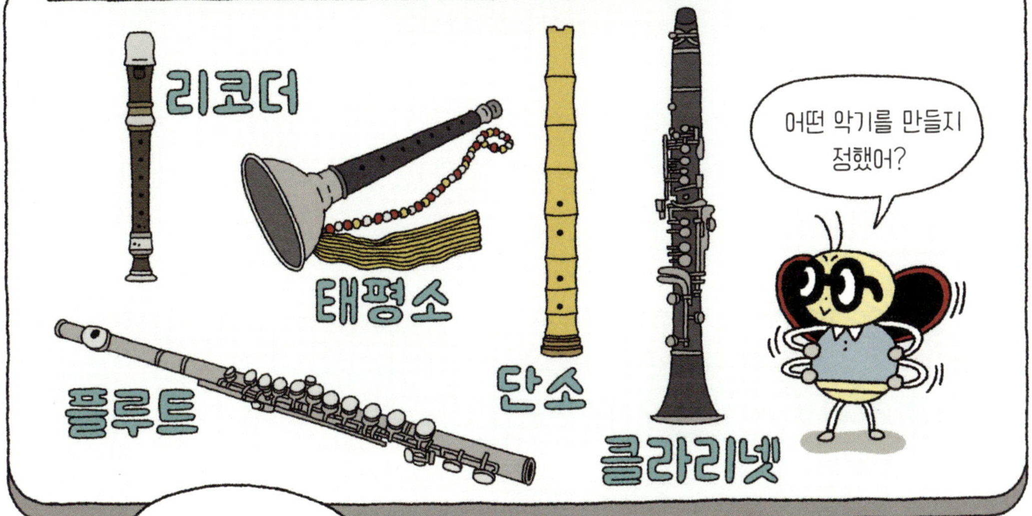

리코더
태평소
단소
클라리넷
플루트

어떤 악기를 만들지 정했어?

응! 구멍을 뚫지 않아도 되고, 생김새도 멋진 팬플루트 만들래!

여러 개의 관이 있는 관악기

팬플루트
생황
소

소리와 음악

? 다음 관악기 중에서 나팔 모양의 우리나라 전통 악기를 골라 보세요.

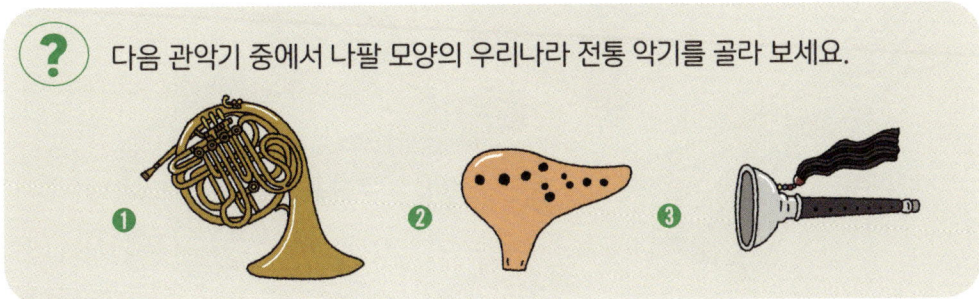

정답 : 3

길이가 다르면 소리의 높낮이도 달라요!

팬플루트에는 여러 개의 길이가 다른 관이 있어요. 길이가 길면 낮은 소리를 내고, 길이가 짧으면 높은 소리를 내요. 길이에 따라 왜 소리의 높낮이가 다를까요? 팬플루트를 직접 만들며 알아봐요.

도	레	미	파	솔	라	시	도
16.0cm	14.2cm	12.6cm	12.0cm	10.7cm	9.5cm	8.4cm	8.0cm

자로 길이를 정확하게 재서 빨대 8개의 길이가 다르도록 잘라야 해. 알겠지?

빨대 자르는 일은 식은 죽 먹기지!

테이프 가위 빨대 자 종이 풀

14
아라비아 숫자 말고 다른 숫자?

나라마다 숫자는 같을까요? 다를까요?

미국 사람들은 영어로 말하고, 알파벳을 써요. 중국 사람들은 중국어로 말하고, 한자를 쓰지요. 그런데 나라가 달라도 수를 쓰는 방법은 같아요.

숫자의 세계

왜 아라비아 숫자를 쓰게 되었을까요?

0부터 9까지의 숫자를 '아라비아 숫자'라고 해요. 이 숫자는 언제 어디서 만들어진 걸까요? 또 오늘날 왜 모든 나라 사람들이 아라비아 숫자를 쓰는지 알아봐요.

오늘날 쓰는 0~9까지 숫자를 처음 만든 나라는 어디인가요?

❶ 대한민국　　❷ 이탈리아　　❸ 이집트　　❹ 인도

❸ 유럽 - 900년 전

| 0 | I | 2 | 3 | 8 | ୯ | 6 | ∧ | 8 | 9 |

> 아라비아에 갔을 때 놀라운 숫자를 보고 책을 썼습니다! 유럽 사람들에게도 알려 줘야겠어요!

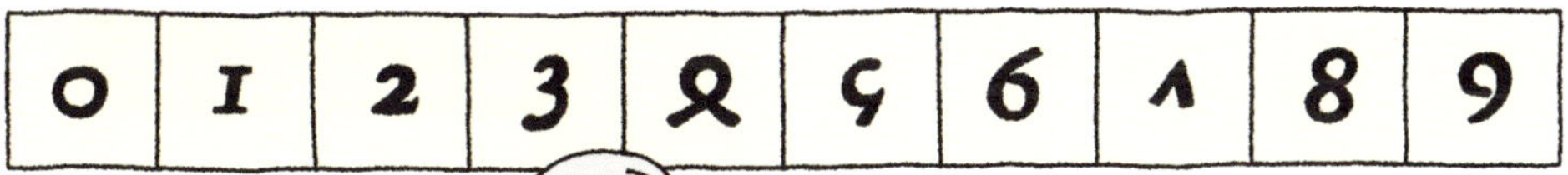

❹ 전 세계 - 현대

| 0 | 1 | 2 | 3 | 4 | 5 | 6 | 7 | 8 | 9 |

> 나라가 달라 쓰는 말이 다르지만, 0부터 9까지 10개의 숫자를 쓰는 건 똑같아요!

아라비아 숫자 말고 다른 숫자도 있어요!

아라비아 숫자 이전에는 어떤 숫자가 있었을까요? 오래전부터 사람들은 물건이나 동물의 수를 세기 위해 숫자를 사용했어요. 다음의 고대 바빌로니아, 이집트, 로마, 중국 사람들이 쓴 숫자를 순서대로 찾아보세요.

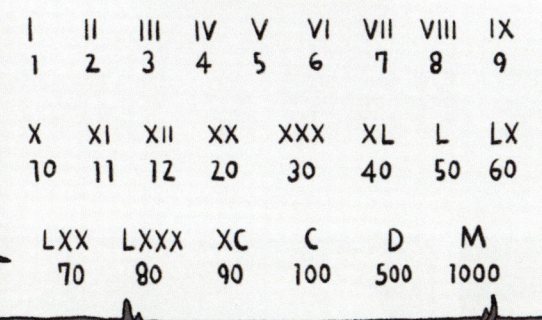

15
구구단 몰라도 곱셈할 수 있어?

곱하면 더하기가 쉬워져요!

구구단은 1부터 9까지의 두 수를 곱한 값을 나타내요. 여러 번 더하는 계산은 곱셈을 이용하면 쉽게 값을 알 수 있어요. 곱셈을 이용해서 여러 번 더해야 하는 덧셈을 간편하게 계산해 봐요!

선만 있으면 곱셈을 할 수 있다고요?

구구단 없이도 곱셈을 할 방법이 있어요. 선만 잘 그으면 되지요. 선 긋기로 어떻게 곱셈 계산을 할 수 있는지 알아봐요!

옛날에는 곱셈 계산을 어떻게 했을까요?

계산기나 컴퓨터가 없던 예전에는 곱셈을 계산하기가 어려웠어요. 영국의 수학자 존 네이피어는 막대기를 이용해 곱셈을 계산하는 방법을 알아냈어요.

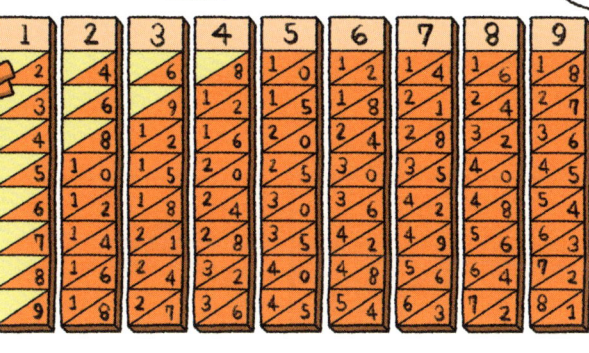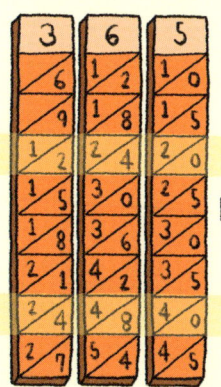

16

7은 정말 행운의 숫자일까?

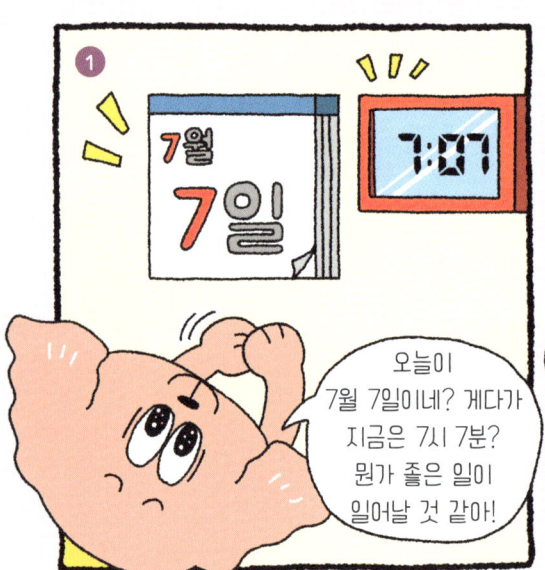

나라마다 행운의 숫자가 달라요!

숫자 7을 행운의 숫자라고 생각하나요? 어떤 사람들은 행운의 숫자로 여겨 좋아하는가 하면, 어떤 사람들은 그렇지 않을 수도 있어요. 나라마다 어떤 수를 행운의 숫자로 여기는지 알아봐요.

숫자 7을 왜 행운의 숫자라고 생각했을까요?

나라마다 행운의 숫자로 생각하는 숫자가 조금씩 다르지만, 서양에서는 보통 숫자 7을 행운의 숫자로 생각해요.

숫자의 세계

? 피타고라스는 완벽한 도형이라고 생각한 두 도형의 변의 개수 □+□=7이라 7을 완벽한 숫자라고 말했어요. □에 들어갈 두 수는 무엇일까요?

❶ 1과 6   ❷ 2와 5   ❸ 3과 4

❸ : 답정

4와 13은 왜 불운의 수가 되었을까요?

사람들이 좋아하는 행운의 숫자만 있는 건 아니에요. 오래전부터 사람들이 좋아하지 않는 숫자도 있어요. 많은 사람이 4와 13을 불운의 수로 믿곤 했는데요. 왜 그랬을까요?

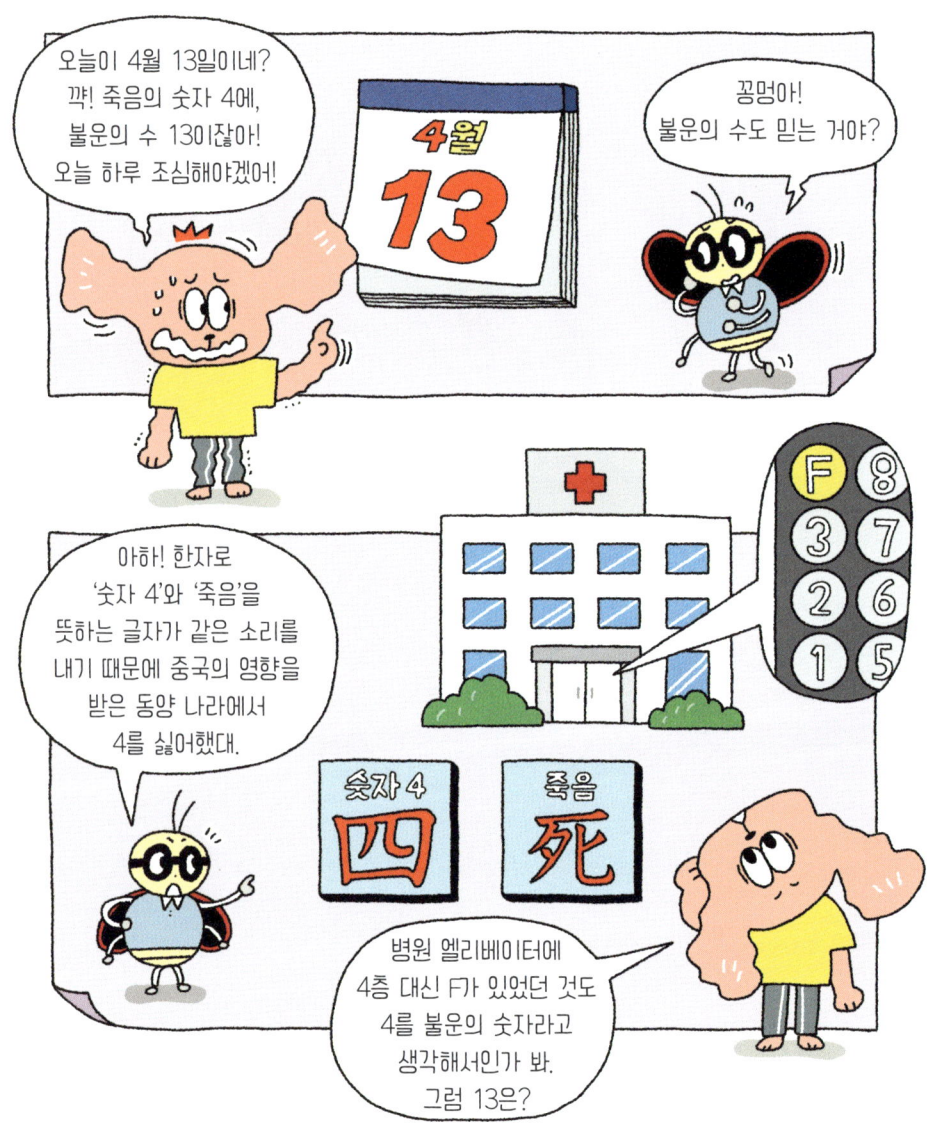

17
수 세는 방법이 다 달라?

손가락으로 마음을 표현할 수 있어요!

손은 우리 몸에서 많은 역할을 하는 신체 부위예요. 밥을 먹고, 글씨를 쓰거나 그림도 그리고, 인사를 하기도 해요. 또 생각이나 감정을 표현하기도 해요.

손가락으로 수를 세는 방법이 달라요!

물건의 개수를 셀 때 손가락을 이용해 수를 세는 경우가 많아요. 다섯 손가락을 접었다가 펴면 한 손으로 10까지 셀 수 있어요. 그런데 나라마다 그 방법이 다르대요.

온몸을 이용해 수를 세기도 해요!

손가락으로 10 이내의 개수는 셀 수 있지만, 10보다 큰 수는 손가락으로만 세기 어려워요. 그래서 온몸으로 수를 세는 사람들도 있었어요.

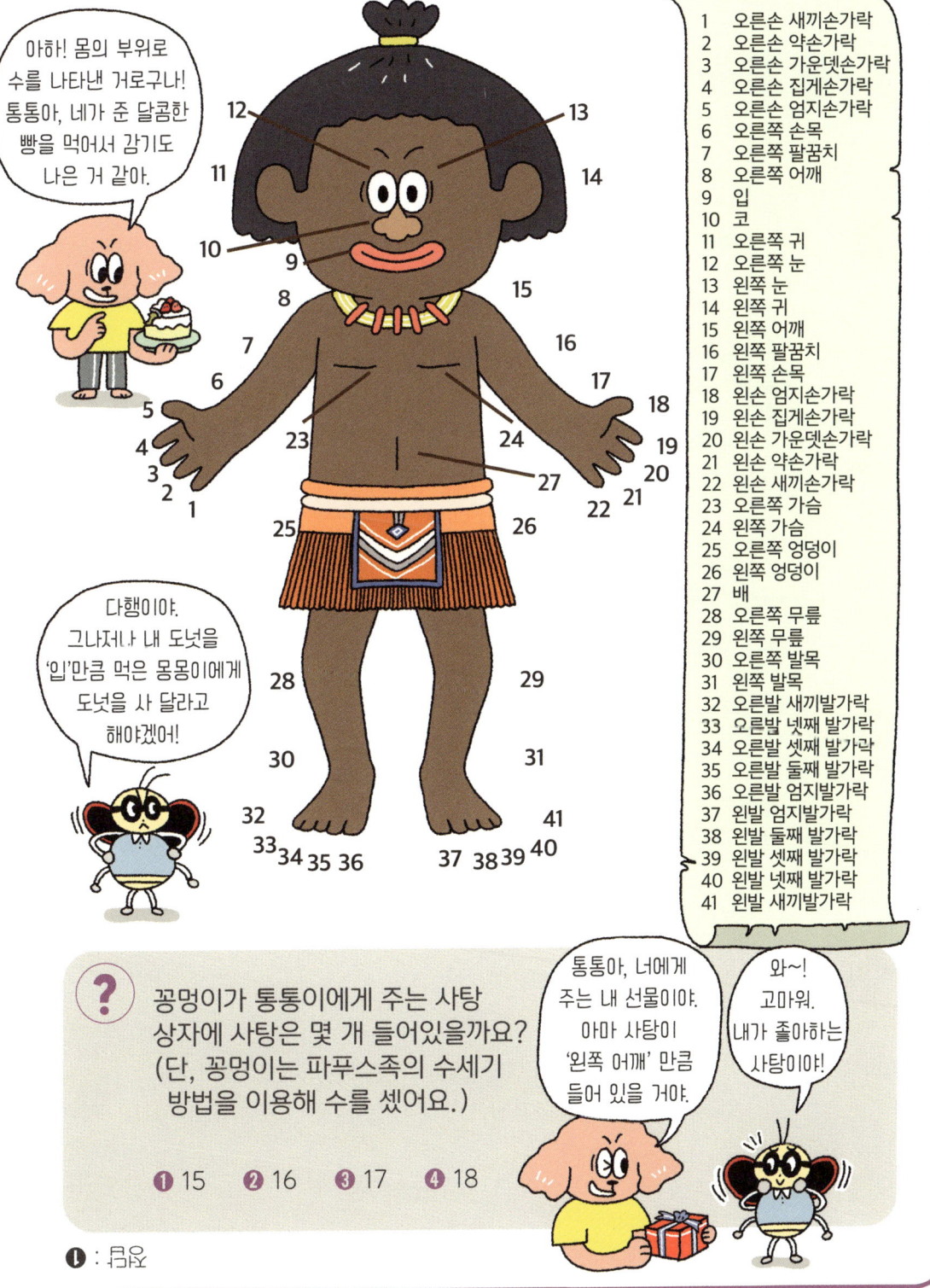

꽁멍과 통통의 수학 수다 & 퀴즈!

권말 부록

 꽁멍아, 나 피아노를 배우기로 결심했어. 멜로디언 말고, 진짜 피아노 말이야. 피아노 건반 개수가 ❶ ☐ 개인 것도 알았으니까, 진짜 피아노를 칠 수 있을 거야.

피아노 배워서 뭐 하게? 지난번 음악회에서 본 피아니스트처럼 되려고?

 곧 다가올 네 생일 때는 꼭 피아노 연주를 해 주려고. 기대해! 계이름이 ❷ ☐ 개인 것도 외웠어.

그럼 나도 우리가 함께 찍은 사진을 그림으로 그려서 선물로 줄게. 사진처럼 똑같이 그리려면 ❸ ☐ 에 있는 사람은 크게, ❹ ☐ 에 있는 사람은 작게 그리면 된다고 했지?

 맞아. 통통이의 그림 교실에서 배운 대로 그리면 너도 멋진 그림을 그릴 수 있을 거야.

그런데 통통이 너, 뾰족한 별 그리는 연습은 좀 더 해야겠던데! 별 그리는 방법은 내가 알려 줬지? ❺ ☐ 의 꼭짓점을 각각 연결한 다음 선을 그으면 예쁜 별을 그릴 수 있어.

 그런데 뾰족한 별 모양에도 여러 가지가 있던걸?

맞아. 피타고라스의 별을 잘 그리고 싶다면 미국 국기를 그리면 연습이 될 거야. 무려 별이 ❻ ☐ 개나 있으니까.

 좋아! 오늘부터 피아노와 별 그리기 연습 열심히 해야지!

그러다 우리 같이 놀 시간이 없어지는 거 아니야?
우리 동네에 엄청 큰 공룡 놀이터가 생겼대.
진짜 티라노사우루스처럼 큰 공룡 모형도 있다는데 같이 갈래?

공룡 놀이터라고? 티라노사우루스가 얼마나 클까? 5미터? 10미터?

 몽몽이가 먼저 가서 티라노사우루스 발 길이를 재 봤는데
70센티미터였대. 그러니까 티라노사우루스 몸길이는 발 길이에
❼☐을 곱해 봐.

구구단을 아직 완벽하게 못 외웠지만, 막대기만 있으면
곱셈도 잘 할 수 있다고!

 구구단을 빨리 외우는 게 나을 거 같은데…….

티라노사우루스 몸길이가 무려 ❽☐센티미터나 되네. 10미터보다도
훨씬 크다니 진짜 엄청 큰걸? 우리 공룡 놀이터에 어서 가 보자!

 좋아! 통통아, 이건 내가 좋아하는 초콜릿이야. 피아노랑 그림도
연습하고, 놀이터에서 신나게 놀려면 이거 먹고 힘내자! 행운의 숫자
개수만큼 가져왔어. ❾☐개일 거야.

너 아직도 행운의 숫자를 믿고 있는 거야? 난 중국 사람들이 믿는
행운의 숫자 ❿☐이 더 좋던데. 초콜릿 한 개 더 주면 안 될까? 응?

 알겠어. 더 달라고 하기 없기다. 얼른 초콜릿 먹고 공룡 놀이터로 가자!

❺ 발자국으로 공룡 몸길이를 잰다?

1판 1쇄 인쇄 2025년 5월 20일 | **1판 1쇄 발행** 2025년 6월 5일
글 장경아 | **그림** 김종채 | **감수** 와이즈만 영재교육연구소
발행처 와이즈만 BOOKs | **발행인** 염만숙 | **출판사업본부장** 김현정 | **편집** 김예지 양다운 이지웅
기획·진행 CASA LIBRO | **디자인** 인앤아웃 | **마케팅** 강윤현 백미영 장하라
출판등록 1998년 7월 23일 제1998-000170 | **제조국** 대한민국
주소 서울특별시 서초구 남부순환로 2219 나노빌딩 5층
전화 마케팅 02-2033-8987 | **편집** 02-2033-8928 | **팩스** 02-3474-1411
전자우편 books@askwhy.co.kr | **홈페이지** mindalive.co.kr | **사용 연령** 8세 이상
ISBN 979-11-92936-70-3 77410 979-11-92936-31-4(세트)

ⓒ 2025 장경아·김종채·CASA LIBRO
잘못된 책은 구입처에서 바꿔 드립니다.
와이즈만 BOOKs는 (주)창의와탐구의 출판 브랜드입니다.
KC마크는 이 제품이 공통안전기준에 적합하였음을 의미합니다.